O mar não sofre coisa morta

Leonardo Paiva

O mar não sofre coisa morta

MOINHOS

Edição:
Camila Araujo & Nathan Matos

Revisão:
LiteraturaBr Serviços Editoriais

Diagramação e Projeto Gráfico:
LiteraturaBr Serviços Editoriais

Imagem de capa:
"A onda", de Ivan Aivazovsky (1889)

Capa:
Lily Oliveira

1ª edição, Belo Horizonte, 2016.

Nesta edição, respeitou-se o
Novo Acordo Ortográfico da Língua Portuguesa.

P142o
Paiva, Leonardo | O mar não sofre coisa morta
ISBN 978-85-92579-08-1
CDD B869.3
Índices para catálogo sistemático
1. Contos I. Título

Belo Horizonte:
Editora Moinhos
2016 | 64 p.; 21 cm.

Sumário

Sócrates: Bem, então, o que é o ser humano?
Alcibíades: Não posso dizer.

Platão, Alcibíades I, 129e

Lourdes

O almoço começou a ser preparado por volta das dez horas.

As duas galinhas mortas esperavam Lourdes para arrancar as suas penas e botar fora as suas vísceras. Lourdes as matara por volta das nove e meia com um talhe de faca em cada pescoço.

Se havia escolhido o corte, era porque sabia da fraqueza que vinha sentindo: as mãos não eram as mesmas de antes. De manhãzinha, depois do café, pediu para o marido amolar uma faca boa na pedra – fosse há uns meses, ela quebraria os pescoços das galinhas sem dificuldade. Antes de degolá-las, Lourdes amarrou as patas com barbante grosso, pendurou-as de cabeça para baixo na mangueira florida para o sangue descer até às cabeças curiosas. Decidiu começar por aquela que tinha as penas mais vermelhas, mas a verde esganiçada pôs o corpo em turbulência: acabou por entregar-se primeiro à morte. Lourdes agarrou a turbulenta, com os pés estabilizou as asas e as patas no chão. Meteu a faca molemente, mas sem piedade, na jugular do pescoço de bico que não fez sequer um có. A outra, entregue, não fez objeções.

Enquanto as limpava sobre o toco de madeira, pensou na sorte que tinha: todos os coelhos que seriam servidos no dia posterior já viriam mortos, sem as vísceras, sem as peles e pelos, brilhando em carne rosa-viva e fresca, bem cortados e prontos para serem mergulhados no tempero e colocados na panela, pois assim tinha tratado com o feirante: ele a dispensaria de fazer o trabalho mais sujo.

Depois de limpá-las, Lourdes jogou a gaiola em um canto – dentro dela ainda havia três grãos de milho que caíram nas gretas do minúsculo espaço. Em uma das mãos sujas de sangue e penas fechou dois corações e uns miúdos. Na outra apanhou os corpos bailarinos pelas quatro patas amarelas. Na cozinha pegou uma tábua, destrinchou parte a parte as carnes gordas das galinhas. Jogou os corações e os miúdos no balcão da pia. Mais tarde eu limpo a sujeira lá fora, pensou Lourdes ao ver suas mãos secas regadas de sangue.

Às onze horas a receita conhecida há muito começou a ser preparada. Não levaria nem cinquenta minutos para que tudo estivesse pronto. Antes de as galinhas ficarem no ponto, Lourdes faria o arroz e o feijão, colocaria a mesa e serviria o almoço à família ao meio-dia, pontualmente.

* * *

Lourdes, deitada, não fechou os olhos. Virou-se duas vezes na cama, procurou o sono que fugiu quando o irmão bateu na porta dizendo que encontraram o Antônio todo furado.

Quando bateram na porta de casa, o marido roncava alto e nada ouviu, os filhos faziam o mesmo. Lourdes foi quem levantou assustada, e rápida como coelho seguiu para ver quem devia ser àquela hora.

No alpendre, o irmão disse que encontraram o Antônio furado à faca na beira da estrada. Morreu com vinte facadas, a barriga cuspiu o intestino fora. Precisavam de alguém para liberar o corpo para o velório. Como Lourdes era a familiar mais próxima de Antônio, os dois irmãos pediram que ela fosse até a Santa Casa. Que fosse logo, os enxeridos não paravam de chegar, estavam enchendo a frente do prédio – a cidade sempre farejava com vontade um caso que a tirasse da modorra interiorana. O irmão disse que estou de carro, se vista, eu toco pra lá. Você entra, vê o Antônio, daí eu te trago de volta.

Para que o marido não acordasse, vestiu silenciosa uma camiseta preta, uma calça jeans, calçou uns tênis vermelhos e velhos. Saiu sem avisar. Entrou no carro, olhou a rua vazia, os postes da rua piscando-piscando o amarelo.

Desceu do carro, e de longe, eram sabe-se lá que horas da madrugada, viu a Santa Casa empinhocada de gente.

Lourdes atravessou a massa de curiosos. Um homem parado na porta disse que você não pode entrar, enxerido fica aqui fora, a não ser que seja emergência. Ela disse bem baixo que era parente do morto. O homem a ouviu, pediu os documentos, Lourdes arrancou um registro geral destruído, a foto ainda em preto e branco. O homem deu passagem, Lourdes entrou na recepção verde com um balcão e dois bancos de madeira. Cumprimentou tímida a enfermeira loira-espantalho que recepcionava. Lourdes disse que era parente do morto. A enfermeira perguntou de qual morto? O morto, o Antônio. Antônio de quê? Antônio Oliveira. No canto da boca da enfermeira um risinho: Antônio Oliveira. A enfermeira disse que olha, infelizmente a senhora vai ter que ir até o hospital de São José. Levaram o corpo, autópsia só é feita lá. Depois que eles liberarem, a família pode arrumar o velório.

Lourdes agradeceu, a enfermeira balançou a cabeça loira-espantalho e disse que por nada.

Enfrentou outra vez a massa. O homem parado na porta lhe deu passagem e disse bem alto que já podem ir embora, acabou a festa. Não tem mais nada pra vocês verem aqui. Miraram aquela senhora que atravessava a todos como atravessasse o nada, olhando para ninguém, cabeça baixa – devia estar sentindo a morte do irmão, pois eles se lembraram ao mirar a senhora, ela é a irmã do morto, eles começaram a comentar: é a irmã da bicha.

Seguiu até onde o irmão estacionara o carro, longe, na esquina escura. Disse que eles precisavam ir para São José. Ele estava lá. Foi removido para fazerem a autópsia.

O irmão ligou o carro, chegariam em quinze minutos. As quatro rodas giravam, besouros gigantes batiam como fossem pedras no para-brisa. Por todo o trajeto não falaram qualquer palavra.

Chegaram. O irmão disse que eu fico no carro.

Dessa vez um atendente negro a recebeu. Lourdes perguntou se ele era enfermeiro. O negro disse que sim, sou. Que quer? Queria ver o irmão, o Antônio. Disseram que ele tinha vindo para o hospital de São José.

As mãos lisas de dedos grandes percorreram as linhas magras das páginas repletas de nomes. Antônio de quê? Oliveira? Lourdes respondeu que aquele era o nome. Vou chamar outro enfermeiro pra acompanhar a senhora. Antes, assine aqui, no pontilhado. O negro pegou o telefone.

Uma minhoca cabeluda e branca apareceu desengonçada da porta de um corredor imenso. A minhoca disse que muito prazer, minha senhora. O enfermeiro negro disse que leva a senhora pra ver o assassinado. Acompanha o colega aí, faz favor.

A minhoca ia na frente corredor adentro, os sapatos brancos batendo no assoalho branco. As luzes brancas piscavam como fossem apagar. Fazia calor. Os insetos em volta das lâmpadas como quisessem comer a luz iam de encontro ao vidro branco das fluorescentes. Atravessaram um túnel branco e limpo, quase sem portas. Um batom vermelho veio andando calmamente do fundo do túnel na direção da minhoca branca. O batom mostrou os dentes brancos quando perguntou com suor no buço quem ela veio ver? A minhoca disse que o assassinado. Sim. O batom deu as costas e continuou andando.

No final do corredor, uma porta dupla e um banco para três pessoas encostado na parede. A minhoca disse que senta aqui, já vou chamar o responsável. A minhoca entrou numa porta em frente ao banco.

Da porta saiu um homem velho, careca suada, uma prancheta nas mãos. O homem disse que me acompanhe. Entraram na porta dupla ao lado direito do banco.

Na sala fria seguiu o homem até alcançarem a mesa de aço e o pano branco estendido. O homem levou o pano branco da cabeça até o púbis liso do morto. O homem disse que esse é o Antônio Oliveira? Reconhece seu irmão?

Lourdes podia dizer que sim, mas talvez estivesse enganada. Podia dizer que ela era aquele corpo deitado.

Ela era aquele corpo deitado. Reconheceu-se no rosto de Antônio, embora fosse bonito e jovem. Os cabelos tão compridos, era desejo de Lourdes ter cabelos longos, mas sempre tivera aqueles cabelos curtos, que não tinham força para crescer. Antônio tinha peitos bonitos, grandes, de bicos escuros como os dos peitos secos de Lourdes. Não tinha pelo qualquer naquele corpo sem cor. Abaixo os furos na barriga, furos tão grandes que era possível enfiar em um deles o punho fechado.

Ela era aquele homem deitado.

Lourdes disse que sim, ela era o seu irmão.

O homem careca subiu o pano. Entregou a prancheta, tirou uma caneta do bolso da camisa branca e disse que assine aqui. Lourdes assinou, o homem disse que é só isso, pode ir embora. Liberando, a funerária pode levar.

Saiu pela porta dupla. As luzes do corredor já não piscavam. Continuou seguindo até encontrar a entrada onde o enfermeiro negro recebia uma menina e uma velha quatro olhos inchados. Esperou atrás das duas. A minhoca branca surgiu da porta do corredor, disse que as duas podem me acompanhar, por favor. Lourdes perguntou ao enfermeiro negro se tinha que assinar mais alguma coisa. Ele disse que não, não precisa. Só espere.

Esperou. A minhoca branca veio com o atestado de morte e os documentos do Antônio.

No carro, Lourdes disse que era mesmo o Antônio. O irmão disse que isso eu já sabia, e o que a gente faz agora? Lourdes disse que eles deviam voltar e contratar o serviço da funerária. O irmão disse que e quem vai pagar? Lourdes disse que se os dois irmãos e ela se juntassem, comprariam um caixão barato, fariam um velório simples.

O irmão disse que eu pago, mas não vou no velório nem no enterro, a alma da mãe que me perdoe. Lourdes disse que ela o enterraria. Não disseram mais nada durante o retorno. Quando chegaram, o irmão providenciou o velório. Pediu o caixão mais barato, um qualquer arranjo e um par de velas. A funerária pegaria o corpo e o traria de manhãzinha para velá-lo. Pagou tudo e disse que depois vocês acertam comigo.

Quando finalmente conseguiu dormir, Lourdes sonhou que seus cabelos tinham crescido até a cintura e que seus peitos estavam fortes e duros como nunca antes.

De manhãzinha, no caminho para a padaria, passou pelo passeio oposto ao da funerária. Lá dentro duas pessoas velavam o corpo, três amigos de longa data lamentavam a morte na porta.

* * *

A tarde se tornara um inferno insuportável.

Lourdes, devido ao calor, suava sobre os coelhos que tinham chegado da feira de rua. Embora com o atraso de uma hora, fazia o almoço pacientemente.

Deixou os coelhos no fogo e parou à porta da cozinha para ver onde Bento tinha se enfiado. Sentiu um cheiro podre de carne estragada quando um vento bateu em seu rosto. Gritou por Bento, perguntou que merda ele estava fazendo no terreiro.

O filho, que tinha trazido os coelhos da feira, não fazia merda nenhuma. O cheiro podre, Lourdes se lembrou, vinha das penas e das vísceras que ela esqueceu sobre o toco de madeira em que depenara e limpara as galinhas.

Lourdes chamou o filho à porta da cozinha. Bento já estava longe, despendendo a tarde com Leandro numa árvore de fruta qualquer. Lourdes, ela mesma, teria que limpar as suas porcarias das galinhas.

Com olhos pálpebras apertadas e cansadas, Lourdes e a sacola plástica flutuavam embaixo do sol.

Um moscardo tinha tomado conta do toco de madeira. Quanto mais Lourdes se aproximava, mais o vento lhe dava na cara o cheiro podre dos restos das galinhas. Teve que espantar as moscas com um pedaço de pau para poder se aproximar. As moscas, tontas, voaram pretas, verdes, azuis para todos os lados. Lourdes tossiu enojada e se arrependeu de não ter limpado as porcarias. Trancando o ar, chegou perto das partes fedidas e enfiou a mão direita na sacola. As moscas zuniam no ouvido, debatiam-se tontas no ar, davam de encontro com a sua cara, com os seus braços. Ela ensacou as penas e as tripas e arremessou a podridão no lixo.

Voltou para a cozinha. Pensou que se o calor continuasse, mais tarde choveria. Em frente à panela com os coelhos, lembrou que às quatro horas enterraria o Antônio.

Véspera de Páscoa

Era véspera de Páscoa.

O ônibus branco empoeirado seguiu até a frente do edifício de três blocos no topo da colina que dava para um descampado. O novo motorista gritou que aquele era o último ponto. Quatro mulheres desceram como fosse ensaiado: primeiro a esposa, depois a irmã mais velha, atrás vinha a irmã mais nova e, por último, a mãe. As rodas do ônibus esmagaram a terra no arranque da partida. As mulheres seguiram como arrastadas, brotando da nuvem de poeira que tinha se formado em frente ao portão de ferro do edifício. A esposa se dirigiu ao vidro escuro e se apresentou. Elas atravessaram o portão e entraram.

O homem atrás do balcão limpava a grande mesa de madeira onde ele cortava os alimentos dos que entravam. As goiabadas, as marmeladas, os pães, os bolos, os salames, os queijos, tudo com a mesma lâmina grossa e sem fio. Naquele sábado, as mulheres vinham em maior número e não traziam sacolas. O atrás do balcão perguntou se elas não tinham trazido comida. Envergonhada, a irmã mais velha disse que não traziam nada naquela véspera de Páscoa. A irmã mais nova não teve tempo de fazer o bolo. Uma delas voltaria no dia seguinte, traria um bolo, um doce para o irmão comemorar a ressurreição de Jesus. O atrás do balcão olhou para as quatro mulheres sentadas nos bancos duros alaranjados, olhou para as suas peças de roupas brancas mais que gastas, para as calças jeans mastigadas, para as sandálias de plástico branco pretas, imundas. Alguns outros visitantes sentados, esperando. Ele sabia – todos sabiam – o que as quatro mulheres estavam fazendo ali. Uma pergunta infeliz, por que sempre faz às mulheres da vez essa pergunta infeliz?, pensou o atrás do balcão esfregando o pano com álcool na grande mesa de madeira talhada.

Foram tocadas pelas mulheres das luvas brancas. Deixaram as quatro seguirem guardando o toque frio de quem fuça em boceta de morta.

No pátio aberto, ainda em fila, as mulheres seguiram a passos lentos sob vigia de atentos olhos de cães.

Entraram no pátio amuralhado onde eles recebiam as visitas. Atravessaram famílias sentadas sobre cobertores, atravessaram namorados abraçados sobre cobertores. Ele estava do outro lado, há uns quarenta passos da entrada. As famílias e os namorados sabiam – todos sabiam –, pois o número de mulheres era mais alto do que o permitido nas visitas. Todos sabiam que as quatro eram as mulheres da vez. Alguns olhos complacentes miravam as quatro atravessando o pátio como atravessassem o calvário – memórias de uma Sexta-Feira da Paixão. O filho, o irmão, o esposo as recebeu ansioso, como as aguardasse há muito.

Ofertou o cobertor. As quatro se sentaram, cruzaram as pernas e, caladas, esperaram. Era preciso que as outras visitas fossem embora: era preciso esperar.

As visitas iam se despedindo: o sol já despencava. Poucos cobertores resistiam aos últimos minutos de encontro. Então os homens deram o sinal e gritaram que a visita tinha terminado. Somente as quatro mulheres e o homem ficaram sentados, esperando. Uns últimos abraços se deram no pátio. Fecharam o portão. Um homem gritou para as mulheres que daqui a pouco eles chamavam. As quatro consentiram com a cabeça, uma e outra, constrangidas, riram dolorido: era preciso esperar.

Esperaram.

Os homens armados desapareceram nos corredores escuros. Apareceram os outros homens, oito no total. Vieram, pediram para ele se levantar e cair fora. Ficaram sozinhos com as mulheres. Uns carinhos nos pescoços, nos seios, nas ancas. Pediram que as mulheres os seguissem. Um perguntou se até a velha. Outro respondeu que até a velha: eles não eram de dispensar.

Quatro mulheres e oito homens caminhavam no corredor. Um apontou que o aposento era aquele na frente. As mulheres entraram, os homens logo atrás. Um disse que elas passariam a primeira noite de muitas outras no cinco estrelas.

Os oito homens se serviram das quatro mulheres. Às vezes um, às vezes dois, às vezes três em uma. Só no cinco estrelas se ouviam gemidos e choros. Enquanto eles se serviam, elas pensavam no filho, no irmão, no esposo – era por ele que elas se entregavam à matilha.

De madrugada começou a chover.

Amanheceram espremidas no canto da parede. Um dos oito chamou o que fazia a ronda, disse que podiam tirar as quatro dali. Um disse para elas se levantarem, que podiam ir embora, teriam outra oportunidade de dormirem no cinco estrelas, que não fossem se apegando. A esposa e as irmãs se levantaram nuas, tontas, uns roxos e uns cortes pelo rosto, marcas de dentes pelos seios, pelas nádegas, pelas virilhas. Recolheram as roupas espalhadas pelo cinco estrelas e se vestiram apressadas. A esposa disse que, de tão exausta, a mãe dormia. A irmã mais nova foi até a mãe, a velha em posição de cócoras dura no canto da parede. Os homens disseram que elas estavam demorando, que era para pegar as tralhas e dar o fora. A irmã mais velha pegou as roupas da mãe e disse para ela se vestir. A esposa disse que a mãe não estava respirando. Um disse que era impressão, a velha estava boa, era só dar um puxão bem dado que ela erguia o corpo e saía pianinho. Puxou o braço da velha, a velha caiu com a cabeça de lado, o olho aberto e roxo, o nariz sangrando. O da ronda ouviu a conversa, apareceu perguntando como eles iam dar conta daquela velha morta, dar conta do que as outras mulheres espalhariam lá fora. Desesperadas as três disseram que ela não estava morta, só estava descansando, que dessem um tempo para ela se recuperar. Um disse que era verdade, dava para ver o peito magro da velha zica subindo, descendo, era só olhar direito. O da ronda disse que eles eram uns filhos da puta, que teriam que se ver com o chefe. Um disse que o chefe era ele: o que os sete homens resolvessem ficaria decretado. Não tinha ninguém que desdissesse a sua palavra.

Ao meio-dia, sob uma chuva que lancinava, quatro mulheres deixaram o edifício de três blocos no topo da colina que dava para um descampado.

O ciúme

Talvez ele tenha tirado primeiro a calça, depois a camisa, pra se atirar como um ogro na cama. No banheiro não demorei muito: lavei meu rosto, esfreguei com o dedo a pasta em meus dentes, cuspi a pasta, enxaguei a boca, mijei, lavei minhas mãos. Voltei pro quarto, fechei a porta, desliguei o abajur. Mansamente me acheguei primeiro dos pés dele, pés que um dia eu comparei, meu Deus!,embora com todos os pequenos defeitos, com dois lírios brancos, eu cheirei os pés, segurei bem firme as solas, segui para as canelas, lambi a coxa direita, subi pro resto do corpo, como rio seguindo as margens de seu longo percurso.

Já eram quatro e meia quando eu disse pra ele: – Vou pular da cama. Cícero, então, se enroscou nos lençóis feito uma lagarta enrodilhada no silêncio. Acendi o abajur e me vesti rápido, mas, ao mirar aquele corpo, decidi que as roupas desceriam, voltaria pra cama. Ele estava quase dormindo quando, num arrebate ao olhar o seu rosto, me decidi: – Acho que posso ficar mais um pouco. Tirei toda a roupa e me deitei com cuidado, mas ele acabou despertando, e me abracei a ele pra nunca mais soltar. Fingindo alguma alegria, eu disse: – Eu não vou te deixar nunca, nunca, e me agarrei com mais força. Cícero, imóvel e gelado, percebeu que meus olhos, embora estivessem mirando os dele e de vez em quando rodassem longe de seu rosto, se perderam na penumbra amarela do quarto, olhando ao redor, aqueles olhos de quem não dorme. Eu tinha caído numa lembrança de tempo passado, aqueles olhos marrons e apertados me lembraram os de Davi. Não só os olhos, mas também o rosto, o nariz grande, a testa larga, os cabelos alvoroçados. Cícero sabia o homem que seu rosto invocava, e assim me abandonou aos poucos, quieto, calado, sofrendo em silêncio. Ele se levantou nu e abriu a janela. Um ar frio da noite que clareava entrou no quarto. – Volta pra cama. Vamos aproveitar enquanto podemos, já que você não quer vir comigo esse final de semana. Me disse que não era que não queria, mas não podia, ainda de costas, os olhos virados pra não sei o quê lá fora. Me levantei devagarzinho, pra amenizar a ferida eu peguei Cícero por trás, cruzando meus braços em seu torso. Acuado, ele me perguntou se eu queria tomar um banho. Eu respondi: – Não. Vamos deitar mais um pouco. Eu virei o homem, guiei o homem até a cama e só soltei o que tinha agarrado quando ele se sentou na beirada e arrastou seu corpo pra cima, procurando o travesseiro.

Deitados, ambos olhávamos pra cortina leve que brincava de fazer sombras sinistras com a luz que saía do abajur.

Aquele riso foram as formigas que mastigaram a cerca viva que eu cultivava no jardim de minha casa. Agarrei o corpo pelos braços e o arremessei pra fora da cama. O corpo atravessou a janela e caiu no gramado. Ainda tive tempo de pular a janela e não deixar o corpo escapar. Com a sabedoria de furiosas bestas, construí no corpo a lavoura perfeita de diabólicas aranhas tecelãs: arranhei as pernas do corpo, esmurrei a barriga do corpo, sulquei o rosto com uma pedra, formando um imenso vale entre os olhos, que se tornaram estrábicos. O rio corria na testa e no que sobrou do nariz, e eu dizia ao corpo: – Quem ama outro não pode amar outro quem ama outro não pode amar outro quem ama outro não pode amar outro quem ama outro não pode amar outro. A boca que gostava tanto de detalhar, insinuar, rir, eu feri aquela boca, quebrei os dentes brancos, a boca já nem falava nem ria, e já não havia mais boca: ali estava o buraco do mundo, e dentro desse buraco estava o ovo do primeiro dia da criação. A cabeça era uma pequena massa disforme que não pensaria mais em Davi. Abri uma cova como um cão desesperado, estiquei o corpo, fechei o corpo dentro da terra. Entrei em casa na manhã clara pra tomar banho.

Acordei assustado com o barulho na cozinha. O corpo fazia os ovos mexidos que gosto de comer de manhã.

– Desce, senão vai esfriar.

Me levantei, me vesti, e mudo segui pra cozinha antes que a mão me acenasse uma despedida.

Os afogados

Iago estava deitado de costas à grama na margem da lagoa. O corpo de Ricardo debruçado sobre o seu, as mãos de Ricardo lhe massageando o peito quase a murros.

Quando Iago abriu os olhos, Ricardo levantou brusco, limpou o canto da boca que babava baba grossa encharcada de medo. Com raiva falou que bosta, pensei que tinha morrido.

Iago cuspiu água pela boca como fosse fonte de pedra. Ricardo disse que vamos embora. Anda, levanta daí.

O afogado se levantou tossindo, caminhou tremendo para os arbustos de amora, apanhou a sua bermuda jeans surrada e a sua blusa vermelho-morto. Ele que não sabia nadar, que preferia as margens ao fundo para poder pisar o chão raso caso cansasse. E se ele sobreviveu foi porque Ricardo o tirou da lagoa antes que. Iago ficou em silêncio enquanto Ricardo se vestia, procurou não olhar para o amigo nu. Desviou os olhos para baixo, para as frutas no chão, algumas verdes, espalhadas pela grama. Ele não devia ter aceitado a aposta de atravessar a lagoa. Se não fosse por Ricardo, ele estaria morto.

Vestidos e calados eles começaram a caminhar. Passaram o arame farpado da cerca do terreno e seguiram caminho abaixo, virando a extrema curva. A quietude era rompida pelas passadas secas dos chinelos na estrada de terra, rompida por uns quase ruídos que nada diziam, uns sons imperceptíveis a ouvidos negligentes: um grilo se mexendo por entre folhas de capim grosso, um pássaro batendo um besouro na pedra, um filhote de lebre guinchando nas unhas de um gavião.

O sol acompanhava no centro da boca azul as cabeças quentes que seguiam na estrada. Passada trás passada e uns risos, uns gracejos, umas gargalhadas sem motivo quebravam o silêncio entre os amigos. Ricardo falou da vizinha na janela. A vizinha que de noite esperaria por ele.

Os dois pararam na beira da cerca para ver os cavalos de Tânia correndo pelo pasto.

Ricardo contou que a vizinha o esperaria na janela quando começasse a escurecer. Disse que ela queria experimentar. E só estava contando isso a Iago porque ele era seu amigo. Se abrisse a boca, arrebentava a sua cara.

Ricardo disse que Iago, você é um bosta, um bosta. Que se tivesse morrido. Se tivesse morrido. Afogou as palavras quando ia dizer o que aconteceria se Iago tivesse morrido.

Os cavalos passaram e levaram consigo um pedaço daquela tarde sem que os garotos percebessem.

O vento largo passou sobre a terra e levantou uma alta poeira fina do chão seco.

No caminho, de dentro da nuvem de poeira, os garotos emergiram engasgados, mas não tossiram ou derrubaram uma única lágrima dos olhos.

Os primos

Lena e Nando como raios atravessaram a sala.

– Nem falaram com a avó. Voltem aqui.

Cumprimentaram a avó terço e ave maria em frente à televisão. Tinham que pedir benção.

– Deus abençoe.

Nuno saiu do quarto.

– Vocês vieram.

Os pais de Lena entraram. Paula pediu benção à mãe.

– Deus abençoe.

Os pais de Lena levaram a avó para fazer uns exames.

Pedro fazia churrasco perto da piscina.

– Não vai entrar na piscina, Paula?

A mãe de Nando envergonhada dentro do maiô mentiu, disse que não tinha vindo preparada.

– Se não vai, coloca os meninos n'água.

Nuno veio com os dois para a beira da piscina.

– Arranquem a blusa, pulem n'água.

– E a Lena, tio?

– Eu vim de biquíni.

Os meninos descalços nas pedras quentes maquinaram as pernas e pularam. Cabeças como de focas para fora da água riam.

– Pula, Lena.

Lena se arremessou leve por sobre a água.

Os três nadavam como esquecidos do tempo.

– Espero que não esteja nada errado com a mamãe.

– A mãe tá boa, Paula. São exames de rotina.

A enorme bola vermelha girava sobre a água.

– Vem cá tirar um pedaço de carne.

Seis pés molhados pisaram as pedras quentes.

– Tirem um pedaço grande. Comam bastante, vocês estão muito magros.

Comeram a carne sangrenta e chuparam as pontas dos dedos.

– Nando, não esquece o protetor. Nem vocês. Quero ver todo mundo reforçando o protetor.

Paula esfregou as peles branco-morenas.

– Pronto, tia?

– Pronto.

Três bombas caíram na água.

Tempo depois veio a confusão. Um dedo do pé no olho, um punho fechado na boca do estômago. Lena gritava para para.

– Mas que porra é essa?

– Meninos, parem de brigar.

– Vocês dois, larguem um do outro.

– Para para.

– Ele começou. Enfiou o pé no meu olho.

– Eu não vi, Nuno. Fui bater o pé e não vi.

– Mentiroso.

– Se é pra brigar, melhor sair da piscina. Vão continuar?

– Não, pai. Acaba aqui.

– Melhor assim.

* * *

Lena dedo na boca na beira da piscina.

– Olha a Lena chupando o dedo.

– Tô roendo a unha.

– Entra. Tá com frio?

Pedra na pedra batiam os dentes.

– Não.

Voltou para a água.

Nuno saiu pela escada e correu nas pontas fortes e disse antes do salto de cabeça:

– Segura o cavalo.

Estourou o corpo em cima dos primos. Lena e Nando voltaram do fundo para onde foram puxados.

Água vermelha subiu com os garotos. O nariz de Nando sangrava.

– Nuno, que bosta. Meu nariz. Machucou meu nariz, seu bostão.

Caneta hidrográfica riscava a água.

– Nuno, pra que isso? Pra quê?

– Que porra é essa, Nuno?

As orelhas quase arrancadas latejavam.

Lena ajudou Nando a sair da piscina. Molhados eles se sentaram na pedra quente à beira.

– Bota a cabeça pra cima. Meu pai fala isso, e sempre resolve.

O sol ardia na cabeça, o sangue escorria em corrente ferrugem grossa para a boca, para o queixo, para o pescoço.

A mãe baratinada.

– Meu filho, levanta daí. Vamos ver se quebrou.

– Quebrou não, Paula. Daqui um pouco passa.

Orelhas vermelhamente latejantes se abaixaram por entre as pernas. Chorou baixo, soluço curtinho.

O nariz de Nando parou de sangrar. A boca lambuzada como palhaço borrado.

A churrasqueira chiava. O sol na cabeça.

– Vamos entrar, filho.

Todos caminharam para dentro da casa e sumiram da vista da sombra grande que com olhos embaçados os seguia cabeça entre as pernas como fossem um único ponto disforme e monstruoso a invadir a sua casa.

O mar não sofre coisa morta

Acordou no instante em que a última gota do remédio alcançava a colher.

– Que horas são?

– É tarde.

– Há quanto tempo está aqui?

– Não muito.

– Perdeu o sono?

– Não. Estava indo pra cama, ouvi ele reclamar, gemer baixinho. Você dormia enterrado na poltrona. Não quis incomodar.

– Eu não devia ter dormido. A febre não baixou?

– Ainda não.

Sob a luz do abajur, viu Carlos levantar a colher com a mão direita, enquanto a esquerda se preparava para agarrar suavemente a grande cabeça por trás e incliná-la para que ele não engasgasse.

– Abre bem a boca, abre. Isso.

Um fio de ouro escorreu grosso pelo queixo do rapaz. Carlos pegou a colher, recuperou o líquido expelido e o devolveu à boca que reclamava. Esfregou o pano de limpar baba nos entornos.

– Pode dormir, se quiser. Eu fico com ele até amanhã cedo.

– E a faculdade?

– As aulas começam mais tarde.

– Não, filho, não se preocupe. Vai dormir.

Carlos deu boa noite e foi engolido pelo corredor.

Quando na idade de Carlos, Murilo acreditava que a família tinha sido punida. A linhagem de homens doentes, que, a partir da herança do bisavô, definhavam antes dos vinte anos como fossem plantas secas, atingira o número exemplar de quatro filhos em uma esteira de irmãos: seu pai e seu tio tiveram, cada qual, dois varões doentes.

O primogênito do pai morreu aos três anos de idade. O corpo de membros inferiores distorcidos como galhos parou de funcionar como desligassem uma lâmpada. O segundo filho nasceu com saúde, gordo, cheio de risos. Aos quatro, começou a atrofiar, a entortar. Quando o irmão fez dez anos, Murilo nasceu. Nasceu homem, disse o médico. Então nasceu morto, disse o pai.

Na infância, a cada aniversário, a família comemorava um velório: a sina do menino era ficar como os primos e os irmãos. Chegou aos dez sem sinal da doença.

– Esse escapou.

Da poltrona, olhou para o corpo de olhinhos piscando: esse não. Carlos e ele se pareciam tanto. A mãe de Murilo dizia que se não fosse doentinho, seria como o Carlos: o rosto, o cabelo, os olhos, os olhos principalmente. A mãe não se cansava de repetir quando encarava Carlos nas reuniões de família:

– É uma pena, meu filho, que coisas assim venham a acontecer. Era para os dois estarem correndo pela casa, brincando por aí. Quando eu pegava os meus no braço, eu pensava que eles nunca seriam como os outros. É triste ver que eles não são.

O lençol cobria o corpo do rapaz, um corpo minguado, de quatro palmos, encapsulado em formato de um estojo. A cabeça se destacava no travesseiro: como não bastasse, devido à demora do parto, o seu nasceu hidrocéfalo. Aquele corpo já tinha enfrentado todo o tipo de intervenção, de rasgo, de sutura. Perdeu a conta de quantas vezes, a cada volta de uma troca dos canos de fluidos, tinha desejado a sua morte.

O nariz constipado e a garganta inflamada submetiam a casa a uma semana inteira de vigília. Murilo, no entanto, se submetia há quinze anos ao corpo que ainda respirava. Mesmo que fechasse os olhos e restaurasse fisicamente o corpo durante o sono, não podia chamar aquilo de descanso: a culpa o perseguia até em sonho – em sonho, principalmente, a culpa vinha lenta e irrompia através da pele em suores frios e malcheirosos. Não raro, sonhava que ele mesmo sufocava uma grande cabeça num corpo miúdo, uma cabeça enorme, com um travesseiro tão grande quanto.

Mais uma vez perguntou-se por que cedera aos desejos da mulher – daquela mulher que dormia tranquila no quarto ao lado, daquela mulher que tinha abandonado o corpo ao nascer. Essa cria, disse ela, é só sua.

Filhos. Por que tiveram filhos? Ou: por que não pararam em Carlos, que crescia saudável? Quando Carlos nasceu, a medicina se encontrava mais avançada. Os médicos disseram que se tratava de um distúrbio raro no código genético que afetava os homens da família, e que Carlos escaparia. A ele, não importava se problemas genéticos imiscuíam nos homens a podridão da gema familiar: foi por volta dos trinta anos que o sentimento de punição ganhou outro estatuto. Se, por um lado, a origem da possível punição extra mundo foi atenuada, por outro, a culpa pessoal lhe caiu como uma lança: aquele corpo só tinha se tornado corpo devido aos seus desejos: aquele corpo era herança sua.

– Carlos precisa de companhia, precisa de um irmãozinho ou uma irmãzinha. Vamos dar a ele esse presente.

Ao longe, ouviu uma criança chorando. O silêncio era grande, enorme. Não havia mais ninguém no mundo, assim lhe parecia, a não ser ele e aquela criança, que escorria suas queixas pela rua, pela cidade. Estaria resfriada como o constipado deitado na cama?

Precisava ir ao banheiro. A bexiga estava cheia, a ponto de estouro. Embora desejasse a morte daquele que fungava (e que lhe arrancava o direito de estar em companhia do choro da criança), seria terrível, assim ele pensava, se o rapaz morresse num momento de abandono. Poderia desejar a sua morte, mas nunca fora um cruel. Ir ao banheiro poderia significar, naquele momento, um imenso descuido.

Decidiu ir ao banheiro. Não gritaria Carlos, pois poderia acordar o pobre rapaz que tinha acabado de dormir. Saiu em silêncio, arrastou-se pelo corredor escuro entre uma pontada e outra. Abriu a porta do banheiro e, antes de entrar, olhou para trás: da outra ponta, a luz do abajur se derramava num jorro amarelo-morto no assoalho do corredor.

A urina saiu amarela e quente. Lavou as mãos e voltou rápido para o quarto. O doente ainda fungava, o nariz escorria caudaloso. Pegou um pano e secou o nariz do rapaz. Ele respirava pela boca, uns roncos curtos eram abandonados no ar. Enterrou-se novamente na poltrona.

A segunda vez que viu a morte: o primo estendido no caixão cercado de flores e de moscas. Achava que a morte era dor, muito choro, como na vez em que morreu o avô. Mas a tia não chorava. O filho, um da leva dos homens secos, estava deitado com a boca amarrada, do topo da cabeça descia um lenço que segurava o queixo despencado. Ele vivia com a boca aberta, babando. Nas malditas noites de reunião familiar, os três doentes ficavam em roda na sala, sentados nas suas cadeiras de roda. O primo morto era o que mais babava. Em frente do caixão, a tia perguntou se o cunhado queria café, ele disse que sim. Na ausência da tia, o pai disse que nós é que demos sorte: imagina termos que criar dois como o meu irmão criou. Um já me basta.

O irmão doente morreu com vinte e quatro anos, ultrapassando as expectativas dos que se iam antes dos vinte. No velório, entendeu a tia: Murilo também não chorou – muito menos os pais. Quando enterravam o corpo, o pai disse que o sofrimento acabou, agora podemos voltar e descansar. A vida foi muito longa para todos nós.

Carlos ainda estava acordado. Pôde ouvir o cuidado com que o filho atravessou o corredor e correu a chave da porta do banheiro. Ouviu a urina caindo na água da privada como fosse expelida por uma grande torneira. A descarga foi dada. Seguiu os sons do filho até o estalar de ossos do estrado da cama.

A criança tinha parado de chorar. Ele e o rapaz estavam mais uma vez a sós. Uma tosse brotou da garganta do doente, uma tosse infantil para um corpo que já apresentava pelos grossos no rosto. Limpou o nariz e a boca afogados em fluidos, conferiu as horas para ver quando o próximo xarope desceria para o estômago do rapaz. Ainda não era hora. Colocou as costas da mão na cabeça mole: parecia que a febre tinha dado alguma trégua, enfim. Colocou um termômetro nas axilas: 36,5°.

Guardou o termômetro e retornou à poltrona. Quando se sentou, sentiu o cheiro dos gases, o prenúncio: duro como pedra, o bolo fecal devia estar percorrendo a saída do ânus. Seu intestino era um órgão sensível, o rapaz tinha prisões de ventre terríveis. O cheiro da merda o arrebatou. Desceu o lençol, desceu os panos que lhe serviam de veste para os membros inferiores retorcidos. Abriu a fralda, levantou o corpo, colocou-o sobre um plástico de trocar bebês. O pênis cabeludo ainda eliminava a urina, as últimas gotas saíam lentas, pingando, pingando. Pôde, então, tirar aquele grande bolo escuro e fechá-lo na fralda encharcada. Limpou com cuidado as partes do rapaz, o pênis pendurado, o ânus roxo como a uva. Colocou outra fralda e lhe devolveu os panos aos membros inferiores. Cobriu-o com o lençol, pegou a fralda suja no chão e correu para o banheiro. Abriu o cesto no escuro e arremessou a podridão no lixo.

A criança tinha mesmo parado de chorar.

Os pássaros começavam a cantar, anunciando o brotar do dia.

Às seis horas o sono fisgou Murilo como fisgasse um peixe teimoso.

Embora nunca tivesse pescado, sonhou que ele e o pai pescavam cabeças hidrocéfalas no mar. Com a rede cheia e viva, seguiram de volta à praia. Os homens arrastavam a rede esburacada com as cabeças rumo a uma caverna longe do mar acinzentado. Na entrada da caverna, sua esposa o esperava. Quando chegavam próximo, a velha rede se rompeu: todas as cabeças rolavam lacrimosas e gementes de volta ao mar. Quando as cabeças se aproximavam da água, o mar se afastou como não quisesse que elas retornassem para o seu corpo aquoso. Pai e filho corriam atrás das cabeças que choravam, que gemiam. O pai berrava: – Corre, meu filho, corre, pegue as cabeças, elas não podem voltar, elas precisam seguir conosco. Cansadas de rolar, as cabeças estacaram frente a uma rocha. O sol resplandeceu, o fogo aqueceu a areia. As cabeças desesperadas iam queimando, queimando. O pai berrava: – Corre, meu filho, corre, o sol está tirando as vidas das cabeças. A esposa muito longe gargalhava. Espalhadas sobre a areia, as cabeças morreram. Pensou que as cabeças secariam como as águas-vivas secam. Seus rostos tinham a mais angustiante expressão de pânico nunca antes vista. Uma delas era a cabeça do rapaz. Seus olhos estavam bem abertos, já sem brilho. Boca e nariz já não respiravam. Virou as costas para as cabeças. Quando deu exatos cinco passos, a boca do rapaz disse meu pai, a vida é uma miséria, e tossiu uma tosse seca, esturricada.

O cavalo

Mataram um imigrante ontem no começo da noite. A polícia prendeu alguns outros no aeroporto. Mamãe e papai foram chamados pra cuidarem dos brasileiros barrados aqui em Carlusca. Por isso eles vieram pra casa. Manuela foi pegar o livro e já vai descer. Hoje a leitura será na sala porque todos estão reunidos na biblioteca. O papai deve estar louco sem saber o que fazer com os outros dois imigrantes que não são brasileiros. Manuela não me explicou direito, só disse que estamos hospedando uma afegã, um sírio e um brasileiro. Quando descer, ela vai me contar tudo. Eu percebo que papai fala bastante na biblioteca, mas não entendo uma palavra porque ele fala baixo. Desde que não consegui mais dormir, ouço o papai falando na biblioteca. E se vierem atrás de meus pais? A casa nunca esteve tão acordada como hoje.

Manuela chegou. Ela arrasta uma cadeira e se senta na minha frente. Ela diz que o livro está em suas mãos, que começa quando eu quiser. Peço que ela explique o que está acontecendo. Ela diz que não sabe muita coisa, mas detalha que um sírio levou uns tiros nos ombros e nas coxas, taparam a boca dele, trancaram ele escorrendo sangue no banheiro do aeroporto da capital. Ninguém sabe quem matou o homem. Uma testemunha disse ter sido a polícia, mas ninguém pode confirmar. E nem sabem quem é o homem. Talvez um terrorista. Quando encontraram o corpo foi uma confusão. Voos cancelados, aviões parados, as filas se esticando. O jornal da manhã trouxe páginas e mais páginas sobre o assunto. Na televisão não falavam de outra coisa. Manuela diz que é a primeira vez que um jornal dedica tantas páginas a imigrantes desde aquele naufrágio do barco da Somália em nosso curto pedaço de costa do mar. Manuela diz que não sabe por que os pais trouxeram os três pra cá. Ela acha que são seus conhecidos. E que estavam lá na hora da confusão. E tudo ainda é muito vago porque ninguém comenta nada dentro de casa. Manuela também diz que os pais estão com medo de serem mandados de volta pro Brasil como criminosos, que escondem imigrantes ilegais. Por isso pediu que os dois empregados ficassem quietos, não comentassem com ninguém o assunto. Manuela tosse. Pede que eu ouça a leitura, que o caso pare de ser comentado. Que eu esqueça o barulho na biblioteca. Manuela leu muitas páginas e prestei atenção em quase nenhuma.

Na hora do almoço, eu tive que subir. Comi no quarto. Depois de comer, dormi por horas. Não me lembro de ter sonhado. Acordei quase de noite, o frio do fim de tarde tinha descido no meu corpo descoberto. Manuela estava do meu lado quando acordei. Ela disse que os pais passaram no quarto pra saber como eu estava. Que temiam pela minha segurança. Perguntei que horas eu poderia jantar. Manuela disse que mais tarde, quando todos já tivessem jantado. Disse também que eu comeria na mesa. Só ela e eu. Esperei o tempo que precisava esperar. Sabia que não podia encontrar os imigrantes, eram ordens de papai. Então a gente desceu e jantou. Na mesa, em frente ao prato de peixe, pedi pra Manuela a leitura daquela noite. Ela recusou.

Fui pra cama mais cedo. Deitado, tentava dormir. Ouvi uns risos que vinham do quarto ao lado. Não consegui ouvir o que falavam, mas riam quase alto. O sono apareceu bem tarde. Se não tinha a leitura de Manuela, acabei por ler meu corpo sozinho.

Quando consegui dormir, e isso já devia ser bem de madrugada porque os passarinhos começavam a cantar, sonhei com o cheiro do sangue do imigrante morto a tiros no aeroporto de Carlusca. No sonho o cheiro do sangue do homem se parecia com o cheiro do sangue do cavalo doente que apareceu em casa poucos dias antes de eu ficar cego, cavalo que Pedro sacrificou com duas marretadas na cabeça. Depois, sonhei que segurava um pão quente nas mãos, como aquele pão que ajudei minha mãe a fazer quando eu ainda enxergava.

Acordei pra um novo dia com Manuela abrindo as janelas do meu quarto, e eu abrindo os ouvidos pra voz de Manuela.

Brasília

Cada jamanta que eu vejo carregada transportando
Uma boiada me aperta o coração
E quando olho minha traia pendurada de tristeza
Dou risada pra não chorar de paixão.
(Índio Vago, Mágoa de boiadeiro)

Caminhou pela estreita estrada de terra até desembocar no pasto aberto. Antes o pasto era uma lagoa, mas há muito ela secou: lá se vão vinte anos desde que a criação de peixes moveu toda a água da fazenda para os tanques. Avistou a mulher deitada quando descia, o corpo branco destoando do verde da paisagem.

O velho pisou o capim molhado e se pôs de cócoras ao lado da mulher deitada. Ele a chamou uma, duas, três vezes. Nua, a mulher deitada em meio ao capim alto que o gado não comeu o ouvia como estivesse dormindo. O velho, que caminhara a esmo durante toda a madrugada, sabia que ela o ouvia: os olhos negros estavam abertos, embora todo o resto do corpo como estivesse dormindo.

Quando viu a mulher de perto descobriu que era uma bem bonita. Levou a mão à sua cintura e pegou a blusa rasgada, estendendo-a dos seios até os ombros para cobrir o peito da friagem. Ouviu da boca semiaberta o sussurro

Valdomiro, me conte uma história, dessas tantas que você carrega aí dentro.

Se ela queria história, ele começaria desfazendo a imagem fraca do velho mulato barbudo que ali se apresentava. Disse que ele sempre foi um viço alerta para as coisas da vida. Quando pequeno corria nos cercados contando as cabeças de gado do patrão, aplainando o corpo ondulado de ossos e macio de pelos dos bichos que pastavam. Se a última novidade da fazenda estacionava na porteira para levar o gado, era o primeiro a tocar entre bufares e mugidos as cabeças confusas e guiá-las para subir na carroceria.

A senhora devia ter conhecido Valdomiro nos tempos do cachorro Cruzeiro. O filhote chegou em casa quando Valdomiro era moleque crescido. Os que vieram depois – o Cruzado e o Real eram bons, ele não tinha dúvidas, mas – nunca conseguiram trilhar as marcas de patas do Cruzeiro. O Cruzeiro chegou pequeno e magro como no fim da linha. A mãe de Valdomiro, a Negra do Antunes, cascou fubá no bicho e ele engordou numa semana. Negra do Antunes disse que o cachorro vai chamar Cruzeiro pra dar sequência ao Mil-Réis que morreu ano passado. E assim foi.

Pela época, quando Cruzeiro já tinha se tornado as risadas das crianças da casa, o pai decidiu subir para trabalhar na construção da capital. Ele deu como motivo que iam pagar melhor do que se ficasse ali tocando a roça minguada, se continuasse a servir o seu Monti. O pai disse que assim podia mandar um dinheiro a mais para a casa.

A questão era que o pai estava triste. Depois que os caminhões chegaram, o boiadeiro perdeu o seu serviço. De que serviria o par de esporas, o chapéu de aba larga, a bruaca de carga, o berrante, o facão, o velho basto, o sinete, o apero, o laço, o cargueiro, o ginete e o gibão? Eles como apodreciam em casa, tal como o pai apodrecia. O pai dizia que o progresso cortou as suas asas. Teve que se ver dado a fincar o pé na roça, a empurrar os bichos até o caminhão, a despejá-los carroceria afora quando chegassem a seu destino – guiá-los montado em seu cavalo nunca mais. E assim, quando seu Monti trocou o pai de posto, viu o homem cada vez mais se amuar e se amuar dia após dia.

Foi de uma hora para outra: quando ficou sabendo que estavam precisando de homens para ajudar na construção da capital, o pai de Valdomiro conversou com alguns amigos, contou que estava querendo subir rumo a Goiás. Uns amigos compraram a ideia e decidiram acompanhá-lo. Outros acharam loucura, o pai nem tinha experiência em levantar casa, o que ele ia fazer por lá? Na mesa do último almoço antes da viagem, o pai disse que volto quando a gente tiver construído isso que eles andam chamando de sonho do presidente. No rádio o locutor bradava "Brasília, a nova capital do Brasil. Alguns contra, muitos a favor: todos beneficiados". Hora e outra anunciavam mesmo que era um sonho do presidente, o pai não estava louco como diziam.

O pai passou o dia todo inquieto antes da viagem: sentava na cadeira do alpendre, levantava da cadeira, cutucava a beira da cadeira com o canivete. A mãe, com os menores no braço, conseguiu fazer o almoço e depois de lavar a louça ainda trançar uma rosca. Tomaram café na mesa. O pai com um terço no pescoço, a mãe amuada cortando a rosca, botando o café na caneca do pai como cachorro triste servisse o homem. O Cruzeiro ficou deitado no terreiro triste igual à mãe, tinha dado a acompanhar o pai por onde ele fosse. Os pequenos não sabiam o que acontecia: passaram o dia rindo, engatinhando, trocando passos, pedindo colo, mijando e cagando nos panos.

Os homens passariam de madrugada para levar o pai e os outros na estação. De lá seguiriam para Belo Horizonte, e depois para a capital que estava sendo erguida no nada do sertão.

Quando o pai partiu, Valdomiro não sentiu tristeza alguma. E nem remorso tardio de não ter sentido tristeza: já tinha se acostumado com suas longas faltas, com os escapes de um pai perdido nos mais longínquos lugares – lugares que embora nunca antes visitados se tornavam estranhamente familiares: nas noites em que se fazia presente o pai engendrava as histórias vividas além de sua casa com tamanho engenho que as dava de presente para que Valdomiro também pudesse vivenciá-las. E construir uma cidade não era mais perigoso que atravessar rio com piranha, que levar coice de vaca, que enfrentar ladrão de boi na alta madrugada.

Sem abraços o pai subiu na carroça com riso na cara às quatro da manhã. Valdomiro dormiu pouco durante a noite. Sonolento, acenou da porta da entrada até a carroça ser engolida pela escuridão. A mãe, como em toda despedida do pai, não foi até a porta, senão esfarelava que nem bolo velho. Os meninos dormiam. Cruzeiro nem latir latiu.

Naquele resto de noite Valdomiro não dormiu. Às cinco e meia foi tirar leite. Cruzeiro o acompanhou – passou a segui-lo como seguia o pai. No café a mãe comeu nenhum biscoito, nenhum pedaço da rosca. Ela disse como adivinhasse uma desgraça que agora é você que vai cuidar da gente, Valdomiro.

Às sete Valdomiro colocou o chapéu de couro e partiu para tocar o gado junto de seu Monti, como tinha prometido dias antes. Seu Monti falou que o que ele tinha para fazer naquele dia era bem simples: bastava figurar do lado da porteira, do outro lado estaria o Chico, e ir tocando o gado para dentro do caminhão. Distribuiriam oito bois em dois caminhões e o serviço daria por acabado. Os bois passaram bufando e mugindo, levantando com as patadas terra e bosta, escorregando os cascos na tábua que subia para a carroceria, tentando escapar pelas frestas que os homens não conseguiam tapar com seus corpos. Mas os homens logo corriam para preencher o vazio do espaço, e não deixavam as cabeças escaparem, senão. Quando terminou de guardar o gado Seu Monti disse que Valdomiro, agora quero que conserte o telhado do curral pra mim. Antes de seguir para o curral, pegou Seu Monti e dois peões lamentando a loucura do pai.

Chegou tarde em casa com o chapéu na mão, uma martelada na unha do dedão direito e a pequena festa do Cruzeiro na porteira. No alpendre a mãe o esperava. Ela disse que fiz biscoito, vou botar o café na mesa. Entrou no alpendre, deitou o chapéu na cadeira de pau que o pai cutucou com o canivete, tirou a bota e colocou na soleira da porta o calçado cheio de bosta de vaca. Se fosse o pai entrava com bota e tudo, embosteava a cozinha, fazia rastro da porta até o quarto do casal. Os panos que já não eram mais meias pisaram o chão de terra batida. Os meninos se arrastando gritaram pá-pá, a mãe disse que não é o pai, é o Valdomiro.

O rapaz cortou a cozinha, abriu a torneira da pia, lavou as mãos com sabão de cinzas. A unha latejou roxa no dedão. O cabelo duro, emplastado na cabeça e na testa, guardava suores de três dias.

A mãe disse que pus café na mesa. Senta.

Sentou. A mãe também. Encheu uma caneca. A mãe lhe entregou a cesta com biscoito, pegou um com a mão esquerda. A mãe disse que depois preciso ver seu dedo, a unha com certeza vai cair.

A história findou quando Valdomiro olhou em redor e alertou a senhora: onde ela estava deitada dava muita formiga cortadeira. Chamou a mulher uma, duas, três vezes. Dias desses viu uma saúva iniciando novo formigueiro ali depois da revoada. Era bom a senhora levantar do chão. As formigas podiam começar a subir, a beliscar as partes da senhora. Devia ser mulher esquisita para ter ideia daquela, de ir deitando pelada no pasto como bicho.

Sem mais nem menos Valdomiro se levantou e disse para a mulher que vou te deixar um pouco sozinha, mas não demoro. Volto pra contar o que aconteceu com o pai.

Seguiu para a casa de Jairo. Bateu duas vezes na porta. Maria Marta, a esposa muda dele, viu o velho da janela da cozinha e foi atender. Valdomiro mesmo um pouco surdo ouviu os miadinhos da mulher chamando pelo marido. Jairo abriu a porta e disse que entre, Valdomiro, senta aí na poltrona da sala, e ele entrou e se sentou. Depois que Jairo o cumprimentou com um forte aperto de mão, ele colocou seus dedos enlaçados no meio das pernas. Jairo perguntou ao senhor se tudo estava bem com ele. Valdomiro respondeu que sim, que estava tudo bem. Jairo perguntou o que é que o trazia tão cedo à sua casa.

Valdomiro devia realmente estar muito ruim da cabeça. Chegou, se sentou, disse que tudo estava bem com ele, mas ficou olhando o teto sem responder ao que veio fazer em sua casa. Jairo tentou puxar conversa e perguntou se ele estava ali por causa dos alevinos do Zé Vieira. O velho voltou a cabeça para Jairo e disse que sim, que é por causa dos alevinos, as encomendas. Jairo então respondeu que ele poderia ficar tranquilo: os alevinos estão vindo, devem chegar por volta das três da tarde. O comerciante faria questão de levar os alevinos até o Zé Vieira. Jairo disse para Valdomiro que volta pra casa e depois, mais tarde, dê o recado pro Zé. Valdomiro se levantou, Jairo ouviu que a esposa voltou a fazer barulho na cozinha, o cheiro do café recendendo, perguntou ao velho se ele não queria tomar uma xícara, comer um pedaço de bolo. O velho disse que não, que seu Zé tá esperando a resposta, ele tá nervoso por causa da encomenda. Jairo apertou forte a mão de Valdomiro e disse que até logo, e recebeu um até, seu Jairo. No alpendre, Valdomiro se virou, olhou para Jairo e disse que mais tarde me faz um favor: passa no pasto pra não deixar o formigueiro levar a mulher deitada. E conta pra ela que o pai morreu construindo a capital. Eu soube por carta. Não quero que a mulher fique sem saber notícia dele.

Jairo não entendeu o que Valdomiro lhe disse. Sem botar confiança no velho, decidiu ligar para o Zé Vieira depois do café, para confirmar que os peixes estavam chegando, que o vendedor viria naquela tarde. Não entendia o motivo de Zé Vieira ainda deixar Valdomiro trabalhar, ele já não podia cuidar dos tanques e dos peixes. Maria Marta chamou Jairo para tomar café. Tocou em seu ombro como sempre fazia quando o marido, sentado em sua mesa de trabalho, ficava a fazer contas ou a perder o pensamento muito longe.

Jacarandá

"*Domingo, 29 de abril.* Ele nos diz que, durante o banho, decidiu matar a garota depois que chegasse do culto.

Eram por volta das seis horas quando tentou abusar de seu corpo. Ele tinha a certeza de que ninguém ouviria a menina gritar: *o medo,* afirma, *não foi quem me deixou ir além.* Do lado de fora, as pessoas passavam comentando que ainda não havia notícias da desaparecida. Atrás da janela de madeira cheia de frestas, ele via, dia e noite, os transeuntes indo de um lado a outro do passeio, que desde a quinta-feira (26) a rua estava lotada de gente. Ele relata que sua mãe, *uma senhora quase surda,* não ouviu a menina chorando dentro do buraco (ela sequer sabia que ele a mantinha em cativeiro dentro de seu quarto). Às sete da noite, conferiu se as mãos da menina estavam amarradas com o barbante, se o tampo de pedra estava bem ajustado na abertura do buraco, e trancou o quarto. Disse para a mãe que estava indo ao culto. Abriu a porta de casa, saiu pela portinhola de madeira que dava para o passeio. Caminhou entre a multidão que rezava em frente à casa da menina. Na rua, arquitetou o plano: faria uma cova atrás da casa, embaixo do jacarandá. *Ninguém desconfiaria. Atrás de casa é escuro o bastante, ninguém da rua ia ver, o muro dos fundos ia ajudar a deixar tudo mais tranquilo. Eu ia fazer o serviço de madrugada sem que ninguém notasse.*

Relata que não se lembra quando teve a ideia de construir aquele buraco. *Foi num dia qualquer, foi sem motivo*, ele disse. Começou arrancando quatro azulejos do piso do quarto. Durante três meses, tirou com paciência a terra sem que a mãe percebesse. Aproveitou a terra, que coube em cinco sacos de estopa, para aplainar o jardim onde a mãe cultivava *umas rosinhas miúdas e secas, quase mortas*. Quando o buraco dava para *caber com folga uma mulher grande ajoelhada*, ele cimentou a terra, colocou um tampo de pedra, também feito com cimento, com umas ínfimas aberturas para que *quem ficasse ali pudesse respirar*.

Depois de pronto o buraco, esperou vinte dias até que na última quinta-feira (26), depois do almoço, pegou a vizinha que ia comprar biscoito na padaria da esquina. Segundo relata, a mãe não estava em casa, *tinha ido visitar a irmã mais nova, que vive doente*. Da portinhola da cerca de bambu ele chamou a menina, disse que a mãe precisava de sua ajuda, queria que ela comprasse algumas coisas no mercado. Prometeu que o troco que sobrasse seria da menina. Ela entrou e as coisas aconteceram. *Pedi pra ela não gritar, senão eu matava ela*. Carregou nos braços a menina até o quarto, amarrou muito bem suas pernas e suas mãos com um barbante grosso (as mãos foram colocadas para trás, amarrou um pano em volta de sua boca). Colocou a menina no buraco e fechou o tampo de pedra. Arrastou a cama para cima do buraco e trancou o quarto. Ele se dirigiu para a sala e foi assistir a um filme na televisão.

Ele nos conta que a mãe voltou antes de escurecer. E afirma mais uma vez que ela não sabia que a menina estava *guardada na casa*. À noite ele ouviu a vizinha desesperada batendo de porta em porta, pedindo qualquer informação sobre a filha. Levava uma foto grande consigo, mostrava para quem passasse na rua, para quem atendesse a porta. *A mãe perguntou pra todos os vizinhos se eles tinham visto a menina, mas ninguém viu. Ela bateu palma em frente de casa, eu atendi*. Ele respondeu à mãe que *eu não vi a menina, me desculpa*.

Na sexta-feira (27), seis policiais chegaram em suas viaturas. Ele disse que *muito se ouviu sobre um homem que tinha parado pra pedir informação de como chegar na cidade vizinha, devia ser ele que levou a menina*. Consta, a título de nota, que um senhor de meia idade afirmou ter avistado um vendedor de redes nos arredores da casa da desaparecida. Nenhum dos vizinhos sabia quem era esse vendedor de redes. O homem afirmava que ele era *branco, baixo, velho, não era da cidade*. Naquele dia ninguém viu esse vendedor de redes. *Os vizinhos disseram que ele estava delirando*. Procuraram o dia todo, a noite toda. O acusado relata que viu *eles entrando no mato, olhando a margem do rio que corre no bairro, espalhando fotos da menina pelos postes*. Soube que a mãe *tinha ido nas escolas, que mandaram anunciar nos alto-falantes chocos da igreja do centro*. A mãe do acusado chegou a questionar o que estava acontecendo na rua, *pois foi jogar água nas roseiras e viu um bando de gente no passeio*. O acusado disse aos berros que *estão procurando a filha da vizinha da frente. Ela sumiu na quinta, e até agora não apareceu em casa*. Na sexta, ele abriu o quarto apenas uma vez durante o dia para dar de comer e beber a garota. De madrugada, sem conseguir dormir, *fui pra sala ver televisão*.

No sábado (28), o tio saiu com o cachorro atrás da Natália – *eu soube que esse era o nome dela porque estava impresso no cartaz que colaram em frente do poste de casa. O cachorro latiu na rua toda. Achei que ele ia fuçar em frente de casa, mas não, nem cheirou. O tio e o cachorro entraram no mato*. Ele afirma que deu de comer e beber a ela duas vezes. De madrugada, ele se masturbou no quarto *ouvindo os gritinhos que vinham debaixo da cama*.

Hoje (29) ele acordou de manhã, com o sol *já entrando pelas frestas da janela, o quarto estava abafado, fazia um silêncio grande*. Trancou o quarto e foi tomar café. Perguntou para a mãe se tinha bolacha. A mãe disse que tinha um pacote no armário da cozinha. Ele encheu um copo com água da torneira, encheu outro copo com leite puro. Arrastou levemente a cama, abriu um pouco do buraco, ergueu a menina, colocou-a de pé. *O buraco cheirava bosta e mijo*, disse ele. Deu de beber e comer a ela. Disse que se ela gritasse, ele a mataria antes que alguém chegasse para ajudá-la.

Ele volta a afirmar que tentou abusar de seu corpo por volta das seis da tarde. Tirou a menina do buraco, levantou sua blusinha, abaixou as suas calças imundas e não ligou para o seu cheiro. *Mordi seu pescoço, lambi seu braço, chupei os peitinhos que estão crescendo*. Devido à tensão, o corpo não respondia a seus desejos. Colocou a menina de volta, *ela respirava tão fundo como fosse morrer*. Tomava o banho quando decidiu que tinha que matar a menina (conforme já foi afirmado). *Ia ser hoje à noite*, ele diz. Assistiu ao culto. *Hoje o pastor falou sobre como Deus salvou e livrou o profeta Daniel da cova dos leões."*

"*Segunda-feira, 30 de abril.* Segundo consta, devia ser por volta das nove horas da noite de domingo (29). *A gente estava sentada no passeio quando o tio ouviu o grito da Natália pedindo socorro,* eles afirmam. O grito vinha de dentro da casa dos vizinhos. O tio se levantou e disse que ela estava gritando, que ela estava lá dentro. *O tio atravessou a entrada da casa e estourou a porta da frente com dois chutes, a gente foi colada bem atrás dele.* A mãe do acusado dormia na sala com a televisão ligada, *o som muito alto, ela não deu pela nossa presença.* Eles afirmam que *só quando a gente foi enchendo a sala é que ela percebeu a movimentação.* O tio ergueu a senhora da poltrona e perguntou onde a menina estava. *A gente ouviu grito e falou que vem dali, vem dessa porta.* O tio tentou abrir, mas a porta estava trancada. *Ele gritou 'abre essa porta, abre!', um da gente ajudou o tio a arrebentar a porta de madeira.* Os relatos afirmam que, sob a luz bem fraca do quarto, se destacava o corpo do vizinho sentado na cama com a cabeça abaixada, uma faca grande, de cabo branco, na mão. Embora estivesse com a faca, ele não ameaçou ninguém no recinto. O tio tirou o homem da cama com um murro dado no queixo, perguntou onde a sobrinha estava. *Então a gente ouviu o choro subindo debaixo da cama.* O acusado se arrastava para tentar fugir, mas como pode ser confirmado *a gente impediu. Uns três da gente grudaram nele, alguém gritou que tem que avisar a polícia.* O tio jogou a cama para o lado, viu que uma tampa de cimento pesado tapava a entrada de um buraco. Ele ergueu a tampa. Nessa hora subiu um cheiro de urina e fezes do buraco escuro.

A menina levantou os braços amarrados, e o tio levantou a menina. *Todos gritaram, alguns aplaudiram. Então a gente começou a sair, o tio com a menina cagada e mijada no colo como fosse um neném.* As pessoas que entraram na casa saíram aos tropeços para acompanhar o tio com a menina no colo. *Aqueles três,* as pessoas afirmam, *arrastaram o vizinho pra fora. A gente em coro começou a gritar 'monstro, monstro!', a gente fez uma roda em volta dele.* Os médicos confirmam a versão dos moradores, que relatam que a mãe desmaiou quando viu sua filha ser retirada de dentro da casa. *A gente começou a chutar com vontade o homem deitado. A gente pregou muito chute na costela, na cabeça. Ninguém sabe dizer quem começou – e isso importa? A gente não vai mentir: a polícia deu permissão* (fato negado pelos policiais, que logo controlaram e dispersaram a massa de pessoas), *disse que 'podem chutar mais um pouco, mas só mais um pouco'. A gente viu uns celulares sendo levantados, filmando a justiça.* A polícia questionou se havia mais alguém na casa. *A gente disse que a mãe dele estava lá.* A polícia entrou e tirou a senhora algemada. *A gente gritou 'que velha vagabunda, sua puta velha, demente, você e seu filho vão prestar contas pra Deus'. A gente queria chutar a velha também, mas a polícia já tinha enfiado ela no camburão. Foi então que um da gente teve a ideia de ir buscar um galão de gasolina e atear fogo na casa.* Segundo consta, uma ambulância teria chegado e distraído os moradores: eles afirmam que ninguém viu quem teve *o prazer de riscar o fósforo.* A casa era pequena, o fogo consumiu tudo em poucas horas. *Enquanto isso o homem agonizava no chão.* A ideia dos moradores era a de arrastar o homem até o fogo, devolvê-lo para a casa. *Foi quando a polícia ergueu o seu corpo sangrento e todos começa-*

ram a gritar com ele, a tacar pedras nele. A gente começou a tacar pedra na casa em chamas. Os vidros da janela estalavam, a madeira chiava como a gente estivesse mijando em cima da brasa ardendo. Antes de os policiais colocarem o acusado na viatura, *um sortudo ainda teve a sorte de catarrar um catarro grosso na cara dele.* Eles afirmam que *se não tivessem levado o acusado, a gente tinha matado ele, com certeza.* Os moradores ficaram assistindo a casa virar cinzas madrugada adentro. De início, as chamas subiram alto. Mas, como já foi dito, a casa era muito pequena, e o fogo consumiu a propriedade em algumas horas. Quando amanheceu só restou um pouco de brasa e alguma fumaça. Com a luz da manhã, dava para ver o sangue coagulado do homem marcando a rua de paralelepípedos. Os moradores dizem que *a gente começou a dispersar, cada um começou a seguir para dentro de casa. Quando a gente voltou depois do almoço, as emissoras de televisão lotavam a rua. De um em um, a gente começou a 'entrar' na casa. E teve fila imensa pra todo mundo visitar o buraco."*

O jacarandá sem folhas aguardava imponente e sem qualquer queimadura a chegada de um inverno rígido.

Este livro foi composto em tipologia Meridien, em setembro de 2016, no papel pólen bold, pela gráfica Bartira, para a Editora Moinhos enquanto Wes Montgomery tocava *In Your Own Sweet Way*.